www.ingramcontent.com/pod-product-compliance
Lightning Source LLC
LaVergne TN
LVHW081543060526
838200LV00048B/2187
* 9 7 8 1 0 8 7 8 1 7 3 4 7 *